CLAUDE DEBUSSY

Les Soirs illuminés par l'ardeur du charbon

Édition de Denis Herlin
établie d'après le manuscrit autographe

DURAND

Avertissement

Cette édition critique des *Soirs illuminés par l'ardeur du charbon* constitue un tiré à part des ŒUVRES COMPLÈTES DE CLAUDE DEBUSSY. Elle sera ultérieurement intégrée dans le quatrième volume de la série Œuvres pour piano (Série I, volume 4) que publiera Christophe Grabowski.

Note

This critical edition of *Soirs illuminés par l'ardeur du charbon* is an excerpt from the COMPLETE WORKS OF CLAUDE DEBUSSY. It will be inserted in the fourth volume of series Works for piano (Series I, volume 4) that Christophe Grabowski will publish.

AVANT-PROPOS

Lorsque, en février ou mars 1917, Debussy composa *Les Soirs illuminés*, son ultime pièce pour piano selon toute vraisemblance, il souffrait non seulement du cancer qui allait l'emporter inexorablement en mars 1918, mais aussi des difficultés matérielles engendrées par la guerre. Aussi écrivit-il à Gabriel Fauré le 9 février 1917 : « Le froid, la course au charbon, toute cette vie de misères domestiques et autres me désemparent tous les jours davantage. » La genèse de cette courte pièce est liée à ces circonstances. C'est pour exprimer « sous une forme plus personnelle » sa gratitude envers son marchand de charbon, M. Tronquin, peut-être un mélomane averti ou un amateur d'autographes, que Debussy écrivit cette courte pièce de 24 mesures :

« [Paris, lundi] 12 Fév[rier] 1917

Cher Monsieur,

Excusez-moi si j'insiste pour avoir une réponse à la lettre que je vous écrivais il y a quelques jours..! Au cas où vous ne l'auriez pas reçue, voilà – à peu près, ce qu'elle contenait :

// Mon oubli de consulter la feuille de livraison, d'où l'empêchement de vous envoyer un mandat.

// Ma prière d'attendre que je puisse vous donner sous une forme plus personnelle, un témoignage de ma gratitude.

// L'espoir que vous voudrez peut-être ne pas m'oublier si vous pouviez renouveler votre premier envoi ?

Avec ma sincère reconnaissance et ma sympathie.
Claude Debussy »

Dans une lettre au même destinataire en date du 1er février 1917, n'avoue-t-il pas avec son ironie habituelle : « Ma petite fille a sauté de joie à la lecture de votre lettre – à notre époque les petites filles préfèrent les sacs de charbon aux poupées ! – ça n'en est pas plus gai – . »

Le manuscrit, passé en vente le vendredi 30 novembre 2001 (Hôtel Drouot, Yves de Cagny, expert Thierry Bodin, n° 2) a été acheté par un collectionneur parisien, Éric Van Lauwe. Debussy inscrivit en exergue, non sans humour, un des vers du « Balcon », premier des *Cinq Poèmes de Charles Baudelaire* qu'il avait mis en musique dans les années 1888 : « Les soirs illuminés par l'ardeur du charbon ». Debussy affectionnait ce vers, comme le démontre déjà une lettre du 18 décembre 1899 à son éditeur et mécène de l'époque, Georges Hartmann : « [...] je suis réellement très gêné et vous seriez très bon si vous vouliez m'aider ? J'ai des tas de médicaments à acheter pour Lilly et vous savez combien : 'Les soirs illuminés par l'ardeur du charbon' sont coûteux. » La présence de Baudelaire hante également les premières lignes puisque le morceau débute par une réminiscence transposée au demi-ton (de *la* vers *la*b) du quatrième Prélude du premier livre, « Les sons et les parfums tournent dans l'air du soir ». D'autres souvenirs du second livre des *Préludes* parsèment cette pièce, sans qu'apparaissent des citations aussi explicites que celle relevée ci-dessus. La netteté des indications de dynamique, des articulations, la mention d'un tempo ($\quarternote$ = 55) ainsi que l'écriture sur trois portées démontrent que Debussy a copié avec précision ces deux pages de musique et qu'il les a disposées visuellement avec le même soin que les autres manuscrits de cette période. Peut-être avons-nous, grâce à ce document, un témoignage unique des improvisations pianistiques auxquelles Debussy aimait à se livrer ?

– Les altérations en petits caractères aux mesures 6, 13, 16 et 18 sont éditoriales.

Denis HERLIN

FOREWORD

When, in February or March 1917, Debussy composed *Les Soirs illuminés*, in all probability his final work for piano, he was suffering not only from the cancer that would inexorably lead to his death in March 1918, but also from material difficulties on account of the war. As he wrote to Gabriel Fauré on 9 February 1917, "The cold, the scramble for coal, this whole life of domestic and other miseries gets me down more and more every day." The genesis of this short piece was bound up with these circumstances, for it was to express his gratitude "in a more personal way" to his coal merchant, Monsieur Tronquin – perhaps a keen music-lover or autograph collector, that Debussy wrote this short 24-bar piece:

"Paris, Monday 12 February 1917

Dear Sir,

Forgive me if I insist on having a reply to the letter I wrote you a few days ago...! In case you did not receive it, here is – more or less – the contents:

// My forgetting to consult the delivery slip, hence the fact I could not send you a money-order.

// My request for you to wait until I can give you in a more personal way a token of my gratitude.

// The hope that you will perhaps not forget me if you could renew your first delivery?

With my sincere thanks and sympathy.
Claude Debussy"

In a letter to the same recipient on 1 February 1917 he confesses, with his usual irony, "My little girl jumped for joy when your letter was read out – these days little girls prefer sacks of coal to dolls! – it does not make things any the happier – ."

The manuscript, auctioned on Friday 30 November 2001 (Hôtel Drouot, Yves de Cagny, expert Thierry Bodin, n° 2) was purchased by a Parisian collector, Éric Van Lauwe. Debussy wrote at its head, not without humour, a line from 'Balcon', the first of the *Cinq Poèmes de Charles Baudelaire* that he had set to music in 1888: *Les soirs illuminés par l'ardeur du charbon* [Evenings lit by the burning coals]. Debussy liked this line, as can already be seen in a letter of 18 December 1899 to his erstwhile publisher and patron, Georges Hartmann: "[...] I am really very embarrassed and would be much obliged if you would be good enough to help me? I have a load of medicines to buy for Lilly and you know how much 'Evenings lit by the burning coals' are expensive." The presence of Baudelaire also hovers over the opening lines, for the piece begins with a reminiscence, transposed down a semitone (from A to A flat), of the fourth Prelude in Book I, "Sounds and scents turn in the evening air". Other echoes of the second book of Preludes are scattered throughout this piece, though there are no quotations as explicit as that just mentioned. The precision with regard to dynamic indications, the articulations, the mention of a tempo ($\downarrow$ = 55), as well as the notation on three staves, show that Debussy copied these two pages of music with exactitude and that he laid them out visually with the same care as the other manuscripts of this period. Thanks to this document, we have perhaps a unique record of the improvisations Debussy liked to make on the piano?

– The small accidentals in bars 6, 13, 16 and 18 are editorial.

Denis Herlin

« Les soirs illuminés par l'ardeur du charbon »

(Ch. Baudelaire – *Le Balcon*)

« Les soirs illuminés par l'ardeur du charbon »

(Ch. Baudelaire – *Le Balcon*)

Claude DEBUSSY

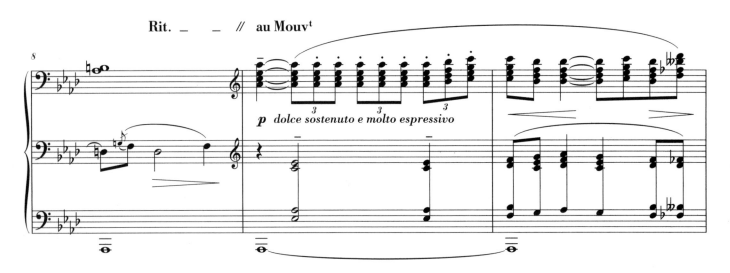

ŒUVRES COMPLÈTES DE CLAUDE DEBUSSY

nouvelle édition critique
de l'intégrale de l'œuvre répartie en six séries

Volumes reliés pleine toile sous jaquette illustrée, format 230 x 310 mm.

Édition musicologique, textes de présentation bilingues (français-anglais) : avant-propos (chronologie des œuvres), bibliographie sélective, notes critiques (description des sources), variantes, appendices et fac-similés.

SÉRIE I : ŒUVRES POUR PIANO

Volume 1
Danse bohémienne
Danse (Tarentelle styrienne)
Ballade (Ballade slave)
Valse romantique
Suite bergamasque
Rêverie
Mazurka
Deux Arabesques
Nocturne

Volume 2
Images (1894)
Pour le piano
Children's corner

Volume 3
Estampes
D'un cahier d'esquisses
Masques
L'Isle joyeuse
Images (1re Série)
Images (2e Série)

Volume 4
Morceau de concours (Musica)
The little Nigar
Hommage à Haydn
La Plus que lente
La Boîte à joujoux
Six Épigraphes antiques
Berceuse héroïque
Page d'album ("LeVêtement du blessé")
Élégie
Soirs illuminés

Volume 5
Préludes (1er Livre)
Préludes (2e Livre)

Volume 6
Études

Volume 7
Œuvres pour piano à 4 mains
Symphonie
Andante cantabile
Ouverture Diane
Triomphe de Bacchus
Intermezzo
L'Enfant prodigue
Divertissement
Printemps

Volume 8
Œuvres pour deux pianos
Prélude à l'après-midi d'un faune
Lindaraja
En blanc et noir

Volume 9
Œuvres pour piano à 4 mains
Petite Suite
Marche écossaise
La Mer
Six Épigraphes antiques
Deux Danses
(réduction pour deux pianos)
Quatuor